Nestlé Creme de Leite

Pratos Salgados Cremosos

MELHORAMENTOS

Sumário

Coordenação Culinária:
Camila Guimarães e Cintia Kichise

Todas as receitas apresentadas neste livro foram testadas e aprovadas por Receitas Nestlé®.

Coordenação editorial
Sete (www.sitedosete.com)

Edição de texto e preparo
Leonardo Ortiz

Revisão
Raquel Nakasone, Aline Souza e Bóris Fatigati

Projeto gráfico e diagramação
Luciana Soga

Fotografias
Carol Gherardi (página 8), Marcelo Resende (capa, páginas 3, 4, 7, 9, 10, 11, 14, 15, 17, 18, 19, 20, 22, 23, 24) e Sheila Oliveira (páginas 6, 12)

ISBN 978-85-06-08479-3

A ficha catalográfica encontra-se disponível na Editora Melhoramentos.

ATENDIMENTO AO CONSUMIDOR
Caixa Postal 729 - CEP 01031-970
São Paulo - SP - Brasil
Tel.: (11) 3874-0880
www.editoramelhoramentos.com.br
sac@melhoramentos.com.br

Impresso no Brasil

RENDIMENTO: 8 porções
PREPARO: 40 min
DIFICULDADE: fácil

Frango cremoso com legumes

INGREDIENTES

- 2 colheres de sopa de óleo
- 1 cebola grande picada
- 4 dentes de alho picados
- 1 e 1/2 kg de frango em pedaços, sem pele (coxa ou sobrecoxa)
- 2 colheres de sopa de farinha de trigo
- 4 tomates sem pele e sem sementes, picados
- 2 cenouras em rodelas finas
- 2 tabletes de MAGGI® Caldo de Galinha
- 4 colheres de sopa de polpa de tomate
- 1/2 xícara de chá de água
- 1 lata de NESTLÉ® Creme de Leite
- 2 colheres de sopa de salsa picada

MODO DE PREPARO

1. Em uma panela, aqueça o óleo e doure a cebola e o alho.
2. Acrescente o frango e deixe dourar.
3. Polvilhe a farinha de trigo, junte os tomates, as cenouras, o MAGGI® Caldo de Galinha, a polpa de tomate e a água. Mexa bem.
4. Tampe a panela e cozinhe até que o frango esteja macio, por 30 minutos.
5. Retire a panela do fogo, acrescente o NESTLÉ® Creme de Leite e polvilhe a salsa. Sirva a seguir.

RENDIMENTO: 6 porções
PREPARO: 40 min
DIFICULDADE: fácil

Escondidinho cremoso de carne moída

INGREDIENTES

Recheio

- 1 colher de sopa de óleo
- 1 cebola picada
- 1 dente de alho amassado
- 500 g de carne moída
- 2 tomates sem sementes, picados
- 1 cenoura ralada
- 1 colher de chá de sal
- 1 pitada de pimenta-do-reino
- 1 colher de sopa de salsa picada
- 1/2 caixinha de NESTLÉ® Creme de Leite Zero Lactose

Purê de mandioquinha

- 600 g de mandioquinha cozida e amassada (cerca de 5 mandioquinhas médias)
- 1/2 caixinha de NESTLÉ® Creme de Leite Zero Lactose
- 1 colher de chá de sal
- 1 pitada de noz-moscada
- 1 colher de sopa de salsa picada

MODO DE PREPARO

Recheio

1. Em uma panela, aqueça o óleo e doure a cebola e o alho.
2. Junte a carne e refogue por 10 minutos ou até que seque todo o líquido.
3. Use um garfo para amassar os grumos de carne que se formarem.
4. Acrescente os tomates, a cenoura, o sal e a pimenta-do-reino e refogue até murchar.
5. Desligue o fogo, acrescente a salsa e o NESTLÉ® Creme de Leite. Misture bem.
6. Transfira o recheio para um recipiente refratário quadrado pequeno (18 cm de lado). Reserve aquecido.

Purê de mandioquinha

1. Em um recipiente, misture a mandioquinha, o NESTLÉ® Creme de Leite, o sal, a noz-moscada e a salsa.
2. Despeje o purê sobre a carne reservada, em seguida leve ao forno médio preaquecido (180 °C) por 15 minutos ou até dourar. Sirva a seguir.

Fricassê de frango fácil

INGREDIENTES

- 1 colher de sopa de azeite
- 1 cebola picada
- 2 tomates picados
- 3 xícaras de chá de peito de frango cozido e desfiado (300 g)
- 2 sachês de MAGGI® Natusabor Salsinha, Orégano, Cebolinha
- 1 xícara de chá de milho-verde em conserva, escorrido
- 1 xícara de chá de ervilhas frescas
- 2 colheres de sopa de manteiga
- 2 colheres de sopa de farinha de trigo
- 2 xícaras de chá de Leite Líquido NINHO® Forti+ Integral
- 1 pitada de noz-moscada
- 1 pitada de pimenta-do-reino
- 1 caixinha de NESTLÉ® Creme de Leite
- 1/2 xícara de chá de queijo muçarela ralado
- 2 colheres de sopa de queijo parmesão ralado
- 1 xícara de chá de batata palha

MODO DE PREPARO

1. Em uma panela, aqueça o azeite e refogue a cebola até murchar.
2. Acrescente os tomates, o frango e 1 sachê do MAGGI® Natusabor Salsinha, Orégano, Cebolinha. Cozinhe rapidamente para não secar toda a água.
3. Adicione o milho-verde e as ervilhas. Misture bem. Reserve.
4. Em outra panela, aqueça a manteiga até derreter, junte a farinha de trigo, e mexa rapidamente para não empelotar, até dourar e formar uma massa.
5. Acrescente o Leite NINHO® aos poucos, sem parar de mexer, a noz-moscada, a pimenta-do-reino e o MAGGI® Natusabor Salsinha, Orégano, Cebolinha restante.
6. Cozinhe, mexendo sempre, por 10 minutos em fogo baixo ou até a mistura adquirir consistência cremosa.
7. Desligue o fogo e acrescente o NESTLÉ® Creme de Leite.
8. Misture o conteúdo da panela no frango reservado, e transfira tudo para um recipiente refratário médio.
9. Salpique o queijo muçarela e o queijo parmesão, depois leve ao forno médio preaquecido (180 °C) por 15 minutos ou até dourar.
10. Coloque a batata palha por cima e sirva.

RENDIMENTO: 8 porções
PREPARO: 40 min
DIFICULDADE: fácil

RENDIMENTO: 20 porções
PREPARO: 15 min
DIFICULDADE: fácil

Trio de patês

INGREDIENTES

- 1 lata de NESTLÉ® Creme de Leite
- 1 envelope de MAGGI® Creme de Cebola

Limão e ervas

- raspas da casca de 1/2 limão
- 3 colheres de sopa de ervas (tomilho, salsa e cebolinha)

Mostarda com nozes

- 1 colher de chá de mostarda
- 1 colher de sopa de nozes

Atum com salsa

- 2 colheres de sopa de atum sólido em água, escorrido
- 1 colher de sopa de salsa picada

MODO DE PREPARO

1. Em um recipiente, misture o NESTLÉ® Creme de Leite com o MAGGI® Creme de Cebola até ficar homogêneo.
2. Divida em 3 partes.

Limão e ervas

Em uma das partes, acrescente as raspas de limão e as ervas.

Mostarda com nozes

Na segunda parte, acrescente a mostarda e as nozes.

Atum com salsa

Na última parte, acrescente o atum e a salsa.

DICA

Sirva os patês com torradinhas ou palito de vegetais.

Strogonoff de carne

INGREDIENTES

- 500 g de carne em tiras finas (filé--mignon ou contrafilé)
- 1 pitada de pimenta-do-reino
- 3 colheres de sopa de manteiga
- 1/2 cebola picada
- 1 tablete de MAGGI® Caldo de Carne
- 4 colheres de sopa de água fervente
- 1/2 xícara de chá de conhaque
- 200 g de champignons em conserva fatiados
- 3 colheres de sopa de purê de tomate
- 1 colher de sopa de mostarda
- 2 colheres de sopa de ketchup
- 1 lata de NESTLÉ® Creme de Leite

DICA

Se desejar, substitua as tiras de carne por tiras de peito de frango e utilize a mesma quantidade de MAGGI® Caldo de Galinha. Você pode utilizar ainda camarão e MAGGI® Caldo de Legumes.

MODO DE PREPARO

1. Em um recipiente, misture a carne com a pimenta-do-reino.
2. Em uma frigideira grande, derreta 2 colheres de sopa da manteiga e doure a carne, aos poucos, em fogo alto.
3. Retire a carne e coloque a manteiga restante.
4. Refogue a cebola, junte a carne, acrescente o MAGGI® Caldo de Carne e a água fervente. Mexa bem até dissolver.
5. Despeje o conhaque. Espere aquecer e incline levemente a frigideira para que o conhaque incendeie e flambe o strogonoff. Aguarde acabar a chama.
6. Junte os champignons, tampe a frigideira e deixe por alguns minutos.
7. Acrescente o purê de tomate, a mostarda e o ketchup.
8. Abaixe o fogo e deixe por 5 minutos, com a frigideira tampada.
9. Incorpore delicadamente o NESTLÉ® Creme de Leite e retire do fogo antes de ferver. Sirva a seguir.

RENDIMENTO: 10 porções
PREPARO: 40 min
DIFICULDADE: fácil

RENDIMENTO: 8 porções
PREPARO: 30 min
DIFICULDADE: fácil

Carne moída cremosa

INGREDIENTES

- 2 colheres de sopa de óleo
- 2 cebolas picadas
- 2 dentes de alho picados
- 1 kg de carne moída
- 1 xícara de chá de abóbora cozida em cubos
- 4 colheres de sopa de azeitonas verdes
- 4 tomates sem pele e sem sementes, picados
- 2 colheres de chá de sal
- 1 xícara de chá de água fervente
- 1 lata de NESTLÉ® Creme de Leite

MODO DE PREPARO

1. Em uma panela, aqueça o óleo e refogue a cebola e o alho.
2. Acrescente a carne moída e doure até secar toda a água.
3. Junte a abóbora, as azeitonas, os tomates, o sal e a água fervente. Deixe cozinhar em fogo baixo com a panela parcialmente tampada por 10 minutos.
4. Desligue o fogo e acrescente o NESTLÉ® Creme de Leite. Sirva em seguida.

RENDIMENTO: 4 porções
PREPARO: 30 min
DIFICULDADE: fácil

Strogonoff vegetariano

INGREDIENTES

- 1 colher de sopa de azeite
- 1 cebola pequena picada
- 1 dente de alho picado
- 2 xícaras de chá de palmito em rodelas
- 200 g de cogumelos-de-paris fatiados
- 2 colheres de sopa de conhaque
- 1 colher de chá de sal
- 1 pitada de pimenta-do-reino
- 2 tomates sem sementes, picados
- 1 colher de sopa de mostarda
- 2 colheres de sopa de ketchup
- 1 caixinha de NESTLÉ® Creme de Leite Zero Lactose

MODO DE PREPARO

1. Em uma panela, aqueça o azeite e refogue a cebola e o alho.
2. Junte o palmito e os cogumelos. Refogue ligeiramente.
3. Despeje o conhaque. Espere aquecer e incline levemente a panela para que o conhaque incendeie e flambe o strogonoff. Aguarde acabar a chama.
4. Adicione o sal, a pimenta-do-reino, os tomates, a mostarda e o ketchup e misture bem.
5. Incorpore delicadamente o NESTLÉ® Creme de Leite Zero Lactose. Retire do fogo antes de ferver. Sirva a seguir.

Picadinho cremoso

INGREDIENTES

- 600 g de alcatra em cubos
- 1 colher de sopa de sal
- 2 colheres de sopa de farinha de trigo
- 1 colher de sopa de óleo
- 1 cebola média picada
- 3 tomates sem pele e sem sementes, picados
- 1 xícara de chá de vinho tinto
- 2 xícaras de chá de água
- 1 cenoura em tiras grossas
- 2 xícaras de chá de champignons fatiados
- 1 lata de NESTLÉ® Creme de Leite

MODO DE PREPARO

1. Em um recipiente, misture a carne com o sal e a farinha de trigo.
2. Em uma panela, aqueça o óleo e refogue a carne até dourar.
3. Adicione a cebola e os tomates. Refogue até murcharem.
4. Junte o vinho tinto e a água.
5. Misture, tampe a panela e deixe cozinhar em fogo baixo por 20 minutos.
6. Adicione a cenoura. Cozinhe por mais 15 minutos.
7. Desligue o fogo, acrescente os champignons e o NESTLÉ® Creme de Leite.
8. Misture bem e sirva.

RENDIMENTO: 5 porções
PREPARO: 50 min
DIFICULDADE: fácil

RENDIMENTO: 8 porções (20 almôndegas)
PREPARO: 1h10
DIFICULDADE: fácil

Almôndegas ao molho branco

INGREDIENTES

Almôndegas

- 600 g de carne moída
- 1 ovo batido
- 1/2 xícara de chá de farinha de rosca
- 2 colheres de sopa de salsa picada
- 1 *stick* de MAGGI® Meu Segredo

Molho

- 1 colher de sopa de manteiga
- 2 colheres de sopa de farinha de trigo
- 2 xícaras de chá de Leite Líquido NINHO® Forti+ Integral quente
- 1/2 colher de chá de sal
- 1 caixinha de NESTLÉ® Creme de Leite
- 1/2 xícara de chá de queijo de minas frescal ralado

MODO DE PREPARO

Almôndegas

1. Em um recipiente, misture a carne com o ovo, a farinha de rosca, a salsa e o MAGGI® Meu Segredo, até obter uma massa homogênea.
2. Cubra com plástico-filme e leve à geladeira por 10 minutos.
3. Modele almôndegas e coloque-as em uma assadeira untada com manteiga.
4. Deixe assar em forno médio preaquecido (180 °C) por 30 minutos ou até que as almôndegas estejam douradas, virando-as na metade do tempo.
5. Enquanto isso, prepare o molho.

Molho

1. Em uma panela funda, aqueça a manteiga em fogo baixo.
2. Quando começar a derreter, junte a farinha de trigo e deixe dourar, mexendo sempre.
3. Coloque o Leite NINHO® aos poucos, misturando até engrossar.
4. Acrescente o sal. Desligue o fogo.
5. Acrescente o NESTLÉ® Creme de Leite e coloque o molho sobre as almôndegas.
6. Polvilhe o queijo de minas frescal e leve ao forno médio-alto preaquecido (200 °C) por 5 minutos ou até o queijo derreter. Sirva a seguir.

RENDIMENTO: 4 porções
PREPARO: 30 min
DIFICULDADE: fácil

Filé ao molho de mostarda

INGREDIENTES

- 500 g de filé-mignon ou contrafilé, em bifes
- 1/2 colher de sopa de sal
- 1 pitada de pimenta-do-reino
- 2 colheres de sopa de manteiga
- 1/2 xícara de chá de conhaque
- 1 tablete de MAGGI® Caldo de Carne
- 1/2 xícara de chá de água fervente
- 2 colheres de sopa de mostarda
- 1 caixinha de NESTLÉ® Creme de Leite
- 1 colher de sopa de salsa picada

MODO DE PREPARO

1. Em um recipiente, tempere os bifes com o sal e a pimenta-do-reino.
2. Em uma frigideira, derreta a manteiga e doure os bifes dos dois lados, em fogo alto, aos poucos, para não juntar suco.
3. Regue os bifes com o conhaque. Incline a frigideira e deixe que o conhaque incendeie. Reserve os bifes, mantendo-os aquecidos.
4. Na mesma frigideira, misture o MAGGI® Caldo de Carne dissolvido em água fervente. Leve ao fogo alto para ferver.
5. Junte a mostarda e desligue o fogo.
6. Acrescente o NESTLÉ® Creme de Leite e a salsa picada.
7. Despeje o molho sobre os filés e sirva.

Legumes com molho de creme de leite

INGREDIENTES

- 1 xícara de chá de couve-flor
- 2 cenouras em cubos
- 1 colher de sopa de azeite
- 1 abobrinha pequena em cubos
- 1 colher de sopa de suco de limão
- 2 colheres de sopa de salsa picada
- 1/2 colher de chá de curry
- 1 pitada de sal
- 1 lata de NESTLÉ® Creme de Leite

MODO DE PREPARO

1. Em uma panela com água fervente e sal, cozinhe a couve-flor e as cenouras até que estejam macias.
2. Em uma frigideira, aqueça o azeite e refogue a abobrinha até que esteja cozida.
3. Acrescente a couve-flor, as cenouras, o suco de limão, a salsa, o curry, o sal e o NESTLÉ® Creme de Leite. Misture bem.
4. Retire do fogo e sirva a seguir.

RENDIMENTO: 4 porções
PREPARO: 1h
DIFICULDADE: fácil

Frigideira de legumes ao creme

INGREDIENTES

- 1 colher de sopa de azeite
- 1 dente de alho amassado
- 1 cebola pequena em pétalas
- 3 colheres de sopa de pimentão vermelho em cubos pequenos
- 1 xícara de chá de brócolis aferventado
- 1/2 xícara de chá de vagem picada, aferventada
- 1 xícara de chá de abobrinha em pedaços médios, aferventada
- 1/2 xícara de chá de mandioquinha em pedaços médios, aferventada
- 1 xícara de chá de abóbora em cubos
- 1 colher de chá de sal
- 1 pitada de orégano
- 1 pitada de pimenta-do-reino
- 1 lata de NESTLÉ® Creme de Leite

MODO DE PREPARO

1. Em uma frigideira, aqueça o azeite e refogue o alho e a cebola.
2. Junte o pimentão e refogue até murchar.
3. Junte os demais vegetais, o sal, o orégano e a pimenta-do-reino. Misture bem.
4. Acrescente o NESTLÉ® Creme de Leite e sirva a seguir.

DICAS

- Essa receita pode ser feita com qualquer tipo de hortaliça.
- Se desejar, prepare os vegetais gratinados. Distribua a mistura já pronta em um recipiente refratário, cubra com queijo muçarela ralado ou queijo parmesão e leve ao forno médio preaquecido (180 °C) por 15 minutos ou até gratinar. Sirva a seguir.

Creme de milho fantástico

INGREDIENTES

- 1 e 1/2 xícara de chá de Leite Líquido NINHO® Forti+ Integral
- 1 lata de milho-verde em conserva
- 1 colher de sopa de manteiga
- 1/2 cebola média, ralada
- 2 colheres de sopa de farinha de trigo
- 1 tablete de MAGGI® Caldo de Galinha
- 1 lata de NESTLÉ® Creme de Leite

RENDIMENTO: 6 porções
PREPARO: 20 min
DIFICULDADE: fácil

MODO DE PREPARO

1. Em um liquidificador, bata o Leite NINHO® com metade do milho. Reserve.
2. Em uma panela, aqueça a manteiga e refogue a cebola.
3. Adicione a farinha de trigo e mexa rapidamente. Deixe dourar ligeiramente.
4. Misture o milho batido com o Leite NINHO®, o MAGGI® Caldo de Galinha e o milho restante.
5. Mexa até dissolver completamente e cozinhe por 10 minutos em fogo baixo ou até tomar consistência, mexendo de vez em quando.
6. Acrescente o NESTLÉ® Creme de Leite. Misture bem e desligue o fogo. Sirva a seguir.

Frigideira de legumes ao creme

RENDIMENTO: 6 porções
PREPARO: 20 min
DIFICULDADE: fácil

RENDIMENTO: 6 porções
PREPARO: 20 min
DIFICULDADE: fácil

Polenta

INGREDIENTES

- 6 xícaras de chá de água
- 1 pitada de sal
- 2 colheres de sopa de manteiga
- 2 xícaras de chá de fubá
- 2 sachês de MAGGI® Natusabor Salsinha, Orégano, Cebolinha
- 1 caixinha de NESTLÉ® Creme de Leite
- 3 colheres de sopa de queijo parmesão ralado

DICA

Se desejar, leve ao forno médio preaquecido (180 °C) por 5 minutos para derreter o queijo.

MODO DE PREPARO

1. Em uma panela, aqueça a água com o sal.
2. Adicione a manteiga e coloque o fubá, pouco a pouco, mexendo sempre, para não criar grumos. Espere ferver.
3. Deixe cozinhar por 5 minutos, mexendo sempre.
4. Desligue o fogo, acrescente o MAGGI® Natusabor Salsinha, Orégano, Cebolinha, o NESTLÉ® Creme de Leite e misture bem.
5. Coloque a polenta em um recipiente refratário.
6. Polvilhe o queijo parmesão e sirva.

Sopa cremosa de abóbora com pão

INGREDIENTES

- 1 colher de sopa de azeite
- 1 cebola picada
- 1 dente de alho amassado
- 500 g de abóbora em cubos
- 1 colher de chá de gengibre fresco picado
- 1/2 colher de sopa de sal
- 2 xícaras de chá de água
- 1 caixinha de NESTLÉ® Creme de Leite
- 1/2 xícara de chá de queijo meia cura ralado
- 1 colher de sopa de cebolinha picada

MODO DE PREPARO

1. Em uma panela, aqueça o azeite e refogue a cebola e o alho.
2. Junte a abóbora, o gengibre, o sal e a água. Tampe e cozinhe em fogo médio por 20 minutos ou até a abóbora ficar macia.
3. Espere amornar e bata no liquidificador.
4. Volte à panela e deixe ferver.
5. Junte o NESTLÉ® Creme de Leite, o queijo, e misture bem.
6. Polvilhe a cebolinha e sirva.

DICA

Sirva a sopa dentro de minipães italianos, em cestinhas de pão de forma ou com croutons.

RENDIMENTO: 6 porções
PREPARO: 40 min
DIFICULDADE: fácil

RENDIMENTO: 2 unidades (8 pedaços)
PREPARO: 30 min
DIFICULDADE: fácil

Rosti de batata-doce recheado com frango cremoso

INGREDIENTES

Recheio

- 1 colher de sopa de azeite
- 1 cebola picada
- 1 dente de alho amassado
- 2 xícaras de chá de peito de frango cozido e desfiado (200 g)
- 2 tomates sem sementes, picados
- 1 colher de chá de sal
- 1 pitada de pimenta-do-reino
- 1 caixinha de NESTLÉ® Creme de Leite Zero Lactose
- 1 colher de sopa de salsa picada

Batata-doce

- 4 batatas-doces médias raladas no ralo grosso (800g)
- 1 pitada de sal
- 1 pitada de páprica picante

MODO DE PREPARO

Recheio

1. Em uma panela, aqueça o azeite e doure a cebola e o alho.
2. Junte o frango, os tomates, o sal e a pimenta-do-reino e refogue até murchar.
3. Desligue o fogo, acrescente o NESTLÉ® Creme de Leite, a salsa e misture bem.

Batata-doce

1. Em um recipiente, tempere a batata-doce com o sal e a páprica. Reserve.
2. Em uma frigideira grande, untada levemente com azeite, coloque uma porção da batata-doce formando um disco.
3. Coloque no centro do disco um pouco do recheio e cubra com mais uma porção de batata-doce, apertando e moldando para que fique bem coberto. Molde com a colher, de modo que as bordas fiquem bem arredondadas e fechadas.
4. Deixe no fogo médio por 5 minutos ou até que a parte inferior comece a dourar.
5. Vire com o auxílio de uma espátula e deixe dourar do outro lado.
6. Repita o procedimento e sirva a seguir.

RENDIMENTO: 6 porções
PREPARO: 25 min
DIFICULDADE: fácil

Fondue 3 queijos

INGREDIENTES

- 2 e 1/2 xícaras de chá de Leite Líquido NINHO® Forti+ Integral
- 1 pacote de MAGGI® Creme de Queijo
- 1 xícara de chá de queijo prato em cubos
- 1/2 xícara de chá de queijo parmesão ralado
- 1 pitada de pimenta-do-reino
- 1 pitada de noz-moscada
- 1 caixinha de NESTLÉ® Creme de Leite
- 1 dente de alho

DICAS

- Caso não tenha a panela própria para fondue, sirva na panela convencional, esquentando a fondue quando necessário.
- Utilize o acompanhamento de sua preferência: pão italiano, pão francês, batata bolinha, carne ou legumes.
- Se desejar, substitua 1/2 xícara de chá de Leite NINHO® por vinho branco.

MODO DE PREPARO

1. Em uma panela, acrescente Leite NINHO® e o MAGGI® Creme de Queijo. Em fogo médio e com a panela destampada, misture e deixe cozinhar por 5 minutos ou até engrossar.
2. Acrescente os queijos, a pimenta e a noz-moscada. Mexa bem para derreter os queijos.
3. Adicione o NESTLÉ® Creme de Leite e reserve.
4. Em uma panela especial para fondue, esfregue o alho por toda a superfície interna, para que o seu aroma passe de forma delicada para os queijos.
5. Coloque a mistura reservada e ligue a chama.
6. Deixe que cada pessoa se sirva, espetando na ponta de um garfo longo um cubo de pão e mergulhando-o na fondue.

RENDIMENTO: 6 porções
PREPARO: 40 min
DIFICULDADE: fácil

Salmão ao molho de maracujá

INGREDIENTES

- 1 kg de filé de salmão
- 1 colher de sopa de MAGGI® Fondor
- 1 colher de sopa de azeite
- 1 lata de NESTLÉ® Creme de Leite
- polpa de 1 maracujá fresco
- 1 colher de chá de sal

MODO DE PREPARO

1. Em um recipiente, tempere o salmão com o MAGGI® Fondor. Reserve por 20 minutos.
2. Em uma frigideira, aqueça o azeite e doure os filés dos dois lados.
3. Coloque os filés em uma travessa de servir. Reserve aquecida.
4. Em uma panela, coloque o NESTLÉ® Creme de Leite, a polpa do maracujá e o sal. Deixe aquecer levemente, sem ferver.
5. Desligue o fogo e sirva o molho sobre os filés.

RECEITAS NESTLÉ
é o lugar ideal para
quem ama se inspirar,
descomplicar uma
ideia velha ou fazer
algo diferente.
Vamos juntos?

Cadastre-se e conheça nossos serviços!

O QUE TEM EM CASA?
Escreva os ingredientes e nós lhe sugerimos uma receita bem gostosa

FOODLIST
Crie sua lista de receitas para ter sempre à mão

E-MAIL
Receitas, dicas e vídeos personalizados para você

WWW.RECEITASNESTLE.COM.BR